AF368563
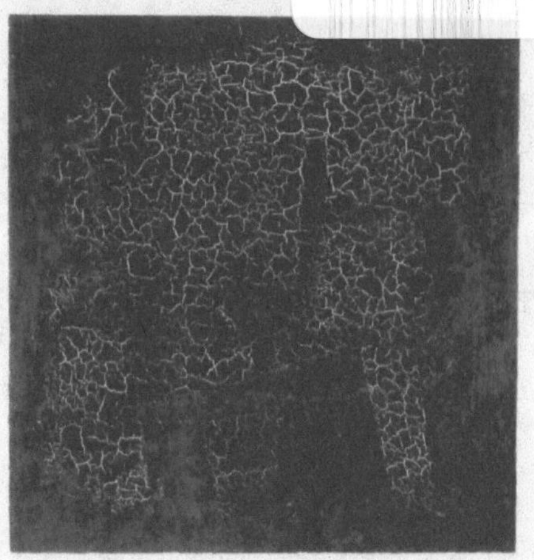

Rawlinson, M. (2013). Like trading dust for oranges: Ed Ruscha and things of interest. In J. Brouws, W. Burton, & H. Zschiegner (Eds.), *Various small books: Referencing various books by Ed Ruscha* (pp. 12). MIT Press.

Silveira, P. (2001). *A página violada*. UFRGS Editora.

Tolstoy, L. (1897). *What is art*. The Anarchist Library. theanarchistlibrary.org

Originally published at: **Vista**

2022-06-30 | DOI: 10.21814/vista.4014

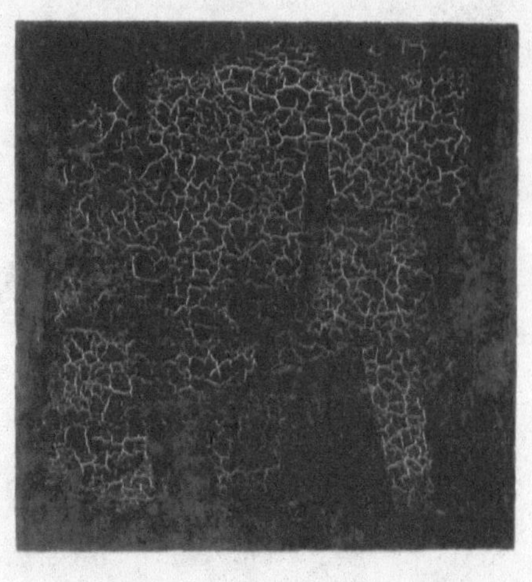

Quebrando Limites:
O Jornal de Borda Além das Fronteiras da Arte

perspective. *Feminist Studies*, 14(3), 575–599. DOI: 10.2307/3178066

hooks, b. (2015). *Talking back: Thinking feminist, thinking black*. Routledge.

Hooks, M. (2017). *Tina Modotti: Photographer and revolutionary*. La Fábrica.

Ludmila, A. (2021). Um grito contra a apropriação. *Jornal de Borda, 10*, 1.

Lozano de la Pola, R. (2019). Cuir visualities, survival imaginaries. In M. Iqani & F. Resende (Eds.), *Media and the global south* (1st Ed., pp. 86–104). Routledge India.

Mirzoeff, N. (1999). *An introduction to visual culture*. Routledge.

Parsons, L. (1905a). *Salutation*. The Anarchist Library. theanarchistlibrary.org

Parsons, L. (1905b). *What freedom means*. The Anarchist Library. theanarchistlibrary.org

Pelloutier, F. (1896). *L'art et la révolte: Conférence faite le 30 mai 1896 salle du Commerce, 94, rue du Faubourg-du-Temple, à Paris*. L'Art Social.

Vista

2022-06-30 | Artigo acadêmico
DOI: 10.21814/vista.4014
CONTRIBUIDORAS:
Fernanda Grigolin; Mirna Wabi-Sabi

Capa por Volodea Biri
Publicado impresso em Outubro de 2022.
Editora P9 | Niterói, Brasil
Plataforma9

plataforma9p9.com
plataforma9p9@pm.me

Ensminger, D. (2010). Coloring between the lines of punk and hardcore: From absence to black punk power. *Postmodern Culture,* 20(2). DOI: 10.1353/pmc.2010.0010

Faleiros, F. (2016). *O pulso que cai e as technologias do toque.* Ikrek.

Freire, C. (2009). Artistas/curadores/arquivistas: Políticas de arquivo e a construção de arquivo e a construção das memórias da arte contemporânea. In A. Longoni (Ed.), *Conceptualismo do sul* (pp. 13–23). Annablume.

Grigolin, F. (2015). *A fotografia no livro de artista em três ações: Produção, edição e circulação* [Master's thesis, Universidade Estadual de Campinas]. Red de Repositorios Latinoamericanos. repositorioslatinoamericanos.uchile.cl

Grigolin, F. (2020). *Sou aquela mulher do canto esquerdo do quadro: A história das mulheres anarquistas como narrativa encarnada* [Doctoral dissertation, Universidade Estadual de Campinas]. Tenda de Livros. tendadelivros.org

Haraway, D. (1988). Situated knowledges: The science question in feminism and the privilege of partial

Índice

References

Azoulay, A. (2015). *Civil imagination: A political ontology of photography* (L. Bethlehem, Trans.). Verso. (Original work published 2012)

Bayer, O. (2015). *The anarchist expropriators*. AK Press; Kate Sharpley Library.

Benjamin, W. (2005). *Walter Benjamin selected writings1931-1934* (Vol. 2). The Belknap Press of Harvard University Press.

Brogowski, L. (2011). *Éditer l'art: Le livre d'artiste et l'histoire du livre*. Les Éditions de La Transparence.

Buela, J. R. (1964). *Historia de un ideal vivido por una mujer*. Editorial Reconstruir.

Carrión, U. (1975). El arte nuevo de hacer libros. *Plural* IV(41), 33–38.

Chalmers, V. (2018). *Escritas libertárias*. Edufscar.

Drucker, J. (2004). *The century of artists' books*. Granary Books.

Introdução

As publicações impressas são elementos da cultura visual, e a sua relação com as narrativas históricas e contemporâneas, bem como o seu valor estético são socialmente construídos. Os meios impressos e a sua produção, edição, circulação e pesquisa resultam das escolhas dos editores e estão relacionados com o seu contexto social, cultural e histórico. Este artigo visa aprofundar a discussão sobre a importância de publicar com "corpa"[1]. "Corpo" é um substantivo masculino, por isso "corpa" é a feminização desta palavra para inverter a prática de perceber o corpo masculino como a experiência humana padrão e central na produção intelectual. O termo refere-se a todos os corpos dissidentes — não apenas ao feminino — que não se encaixam no patriarcado capitalista branco (b. hooks, 2015).

Referir-se aos corpos dissidentes como "corpa" é destacar o âmbito do conceito abstrato de interseccionalidade, físico ou visceral. Aqui, a fisicalidade do corpo dissidente rasgado pelo paradigma político denunciado pelo pensamento interseccional é

Notes

1. "Corpo" is the Portuguese word for "body" and is as flexibly used like its English counterpart. It comes from the Latin "corpus". It can mean both the physical body of a living animal being or the collection of written works of an individual, idea, or institution.

2. As the term "lugar de fala" (place of discourse), the theory of affection and the idea of affection networks in Latin America have not developed in the institutional or academic contexts. Thus, it may be difficult, if not impossible, to cite a thinker as having coined the term. Some academics have addressed these terms, but they, above all, exist mutably in popular culture.

3. Referring to Kazimir Malevich's painting *Black Square*, 1915, but with the subtitle "Goddard despede-se da linguagem" (Goddard says goodbye to language).

abordada pela subversão artística da cultura visual através da forma física da página impressa.

O *Jornal de Borda* reivindica uma história muito interessante de publicações latino-americanas. Este funcionou durante 6 anos, teve 10 edições, foi lançado no Brasil, Uruguai, México e Argentina, e foi ainda distribuído em Portugal, Chile e Peru. As Edições 1 e 2 foram publicadas em 2015, Edição 3 em 2016, 4 em 2017, 5 em 2018, 6 e 8 em 2019, e 10 em 2021. Todas tinham 5.000 exemplares distribuídos por toda a América Latina. Na Edição 7, a partir de 2019, eram 200 exemplares e, na Edição 9, de 2021, 100. Ao longo destes anos, cerca de 200 pessoas contribuíram a partir de vários locais da América. *A Plebe*, um jornal anarquista fundado em 1917, tinha uma tiragem de 10.000 exemplares por edição e foi uma grande inspiração para os criadores do *Jornal de Borda*. A par das expressões artísticas dos participantes, havia também o desejo de prestar homenagem ao legado dos movimentos anarquistas internacionais através da impressão — para manter viva a tradição face a crises políticas persistentes.

Quadro (I Am That Woman on the Left Corner of the Board).

ORCID: 0000-0003-4305-6912

Email: fernanda.grigolin@unicap.br

Mirna Wabi-Sabi is a writer, editor, translator, and publisher from Niterói, Brazil. She is the founder of the Plataforma9 initiative and the author of the bilingual pocketbook *Anarcho-Transcreation (Anarco-Transcriação)*. She is an independent researcher.

ORCID: 0000-0003-0955-2429

Email: mirnawabisabi@gmail.com

Ao discutir o Jornal de Borda, mais especificamente a sua última edição, *O Borda*, são reveladas ferramentas inovadoras de publicação e estética para além das nomeadas pela história da arte e pelo seu mercado, apresentando-se como contribuições anarquistas para a cultura visual da publicação. A proposta do seu estudo visual dentro e a partir do sul global (Lozano de la Pola, 2019) enfrenta um duplo desafio: revelar, ou tornar visível, o lugar de enunciação do olhar hegemónico e compreender os seus mecanismos de produção do racismo epistémico através da visualidade e as suas reivindicações universalistas, ao mesmo tempo que se apresenta a produção dos "outros".

Para aqueles que trabalham com material impresso em países como o Brasil, contar a história das publicações latino-americanas numa perspetiva descolonial é necessário porque a realidade colonial é inescapável em todos os domínios da nossa existência ao longo da história. Como forma capitalista de gerir o gosto, o que se deve ver, ler e ter, o mercado é uma extensão da relação latina com o colonialismo — uma imposição de valores e de visualidades ocidentais. A arte e as publicações precisam

Author Contributions

Fernanda Grigolin developed the conceptualization, methodology and writing – original draft.

Mirna Wabi-Sabi developed the methodology, writing – original draft and writing – review & editing.

Biographical Notes

Fernanda Grigolin is a transdisciplinary artist, editor, and PhD researcher in visual arts at State University of Campinas, Campinas, Brazil. She has worked for 20 years with publications between production, edition, circulation, and research. She has conducted the Tenda de Livros projects since 2014 and *Jornal de Borda*, 2015–2021. She received the following awards: Funarte Marc Ferrez of Photography (2012), Proac Artist's Book (2014), Proac Publications (2015), and Proac Visual Arts (2016). Fernanda has published five artist's books and written *Sou Aquela Mulher do Canto Esquerdo do*

de um carácter subversivo para escapar à mercantilização do gosto. Contar esta história para além das artes visuais, para além do mercado, e a partir de uma perspetiva anarquista contribui para a crítica social das publicações como instrumentos políticos expressivos face ao neocolonialismo e à sua faceta capitalista.

through a diverse and true reading of visual culture and, by association, humanity.

As Publicações de Artistas de Cima a Baixo

Os livros e as publicações são essenciais para os artistas. Com o advento do livro de artista e do catálogo da exposição, a página impressa tornou-se num espaço de exposição intemporal valorizado pelo mercado da arte e por aqueles que investigam e fazem curadoria de arte. A história das publicações de arte e das exposições impressas no Brasil insere-se numa história que tem a arte americana e europeia como marcos de referência (Silveira, 2001). É por isso que Ed Ruscha é relevante para esta conversa — as ferramentas que o justificam como autor de livros de artista icónicos foram utilizadas por anarquistas e modernistas no Brasil e na América Latina, no início dos anos 1900. A natureza subversiva e provocadora da sua obra impressa, o seu ultrapassar de limites artísticos e o status quo só arbitrariamente podem ser descritos como revolucionários.

Testar os limites do que define a arte não é apenas um processo artístico mas um processo político. O

character of publications will always escape the commodification of taste and the confinements of academic disciplines. In discussing decoloniality and the linearity of a Eurocentric history, we expropriate material, intellectual and artistic narratives that permeate all aspects of our lives — all of which are embodied by the artist's publication. Hegemonic narratives can be degrading and brutal to marginalized peoples, and by publishing with *corpa*, an expression of revolt and affections has the potential to restore dignity. This process can not be reduced to either art or politics. It is magnificently both.

Publishing with *corpa* is pivotal to visual culture. Leaving dissident bodies out of the narrative around artists' publications perpetuates hegemonic values which marginalize people through "interlocking systems of domination" (M. Hooks, 2015, p. 21), namely colonialism, capitalism, chauvinism, and so on. Perhaps presenting a new narrative — of interlocking art, anarchism, and the printed page — will not only teach us about anarchist practices but also widen our perspectives

conceito académico de livro de artista pode e deve ser alargado para permanecer consistente com a visão do mesmo. Além disso, se o processo de categorização académica não acomoda o reino da publicação política, apaga um universo de arte que sofreu censura política e se envolveu politicamente durante os grandes acontecimentos históricos. Afinal, a cultura visual é a expressão coletiva de um povo e procura não impor limites ao que constitui a expressão visual (Grigolin, 2015). Desta forma, um livro é uma publicação, tal como qualquer outra página impressa tornada pública. Outros formatos de publicação como jornais e panfletos — ou qualquer ferramenta utilizada para tornar públicas as páginas impressas — são relevantes para a discussão sobre os livros de artista.

Os principais instrumentos de publicação que definem o livro de artista são: é feito por um artista; é uma forma de arte; e não depende de um espaço institucional para ser exposto (pode ser numa parede, numa mala, ou numa biblioteca; Brogowski, 2011). Há um argumento a ser feito sobre o que o livro de artista não é: a exigência de códigos de barras da indústria do livro do século XXI e a

Creating a newspaper is still a demanding practice in which text, editing, layout, and page sequencing should be considered. A publication goes far beyond the juxtaposition of information; there is a printed thought. The creation of independent publications is neither scrutinized by the art market nor the publishing market. As such, publications are linked to the public vocation of editing and circulating ideas through transnational networks.

Transnational networks set up in the past are related to current surviving practices. To see that these publications existed in the 1800s and early 1900s is understanding the crucial role that anarchism has had for the printed practice, editorial thinking, handcrafted publishing, and artists' publications at large. The newspapers mentioned in this article represent how art can be a political tool against state repression and how politics can be an artistic tool in finding purpose and innovative dissemination strategies despite the rigid or exclusive (Eurocentric) art institutions.

The artistic value of aesthetics is a social construct in a time and a place. Therefore, the subversive

possibilidade de impressão a pedido são a antítese do livro de artista (embora ambas possam, por sua vez, ser apropriadas como ferramentas artísticas). Como forma de arte, o objeto do livro pode ser tanto uma peça única como uma peça produzida em massa porque a sua qualidade de produção em massa pode, paradoxalmente, melhorar as suas características únicas. Na arte, vimos este paradoxo nas cobiçadas peças de Andy Warhol ou Banksy. Na publicação, podemos ver isto no exemplo do livro de arte de Fabiana Faleiros, cuja grande mas limitada edição é impressa com uma capa branca simples. A artista escreve à mão "MasturBar" na capa de cada exemplar como assinatura, autógrafo e título (Faleiros, 2016).

A estratégia de circulação desenvolvida também faz de um livro um livro de artista. Pode estar numa livraria ou biblioteca e pode questionar o formato de um livro ao trazer outras formas de impressão para circulação. Por exemplo, pode ter um envelope como capa, pode ser pequeno como um *zine* (Grigolin, 2020) ou dialogar com outros formatos de publicação como um jornal (*Jornal de Borda*). Portanto, o termo publicação artística é adequado,

Conclusion: Surviving *Corpas* and Their Gestures as Revolt

> The appearance of a newspaper is a purpose that requires much work. However, as I had been thinking about it for many years, during my travels in the countryside, I spoke with comrades about the intention and need for a feminine anarchist newspaper. (Buela, 1964, p. 101)

O Borda has fulfilled its role in its 6 years of existence in playing a part in this surviving practice, but some of its editorial questions remain open: how to think about the circulation of a printed publication beyond spaces such as bookstores and galleries?; what is it like to publish in Brazil and Latin America with the bodies that write and produce art?; must there be inclusion in linear art history to become an artist?; must there be a discussion about European history to become anarchists?

uma vez que inclui o livro e outros formatos impressos.

Twenty-Six Gasoline Stations, do artista americano Edward Ruscha, é considerado um marco nesta forma de produzir arte; é um livro de 1963 que explora o design gráfico, edição, tipografia, e outros elementos das escolhas do artista. Segundo o historiador de arte Mark Rawlinson (2013), a obra de Ruscha questiona um conjunto particular de problemas relacionados com a conceção, produção e distribuição da arte. O desafio é a possibilidade de ter uma ideia, embarcar numa viagem para a executar, depois tê-la documentada, publicada, e enviada para a sua própria viagem através de territórios e tempo — apenas para que talvez seja vista como estúpida para onde quer que vá. Porquê fazê-lo? Porquê fazer arte e imortalizar essa arte sob a forma de um livro?

Portanto, os historiadores de arte tendem a considerar o livro de artista como o momento em que a produção, edição e circulação de um projeto artístico se torna parte da própria arte, como uma estratégia política e estética/concetual. Entre as várias

which is not that simple either. But the search for being close to other dissident corporeality is crucial in the struggle. My suggestion is to think about a publication for/with people with disabilities".

These testimonies reveal the relationship between publishing with *corpa* and the political power of Latin American affection. Identifying as *corpa*, both in physical and intellectual body, is embracing each other despite differences, bonding over the shared experience of feeling repelled by a global paradigm that brutalizes dissidence. As such, there are no borders between the visual and the textual expression, the political and the personal realms, or the artistry that hangs on the wall or fills up your hands. The newspaper travels not only through time but through countries, disciplines, and lives.

possibilidades do livro de artista, Drucker (2004) destaca o seu potencial para abordar várias experiências individuais e, como tal, exprime várias abordagens ativistas no sentido de combater a opressão e a injustiça. Neste sentido, a arte é uma estratégia política e vice-versa.

A arte em forma de livro tem uma vocação pública. O chamamento deriva do verbo latino *vocare*, que significa "chamar". O "chamamento" do livro é público. Brogowski (2011) assinala o papel subversivo do livro: simboliza a revogação artística da obra de arte como um objeto-fetiche, causando uma crise no sistema institucional. Certamente, a subversão incluída nos livros está ligada ao seu carácter público. Além disso, a natureza politicamente subversiva dos livros de artista existia mesmo antes deste se ter tornado uma categoria nas instituições de arte.

No Brasil e na América Latina, a história das publicações (Silveira, 2001) está relacionada com iniciativas coletivas de movimentos literários e artísticos, em vez de subscrever a visão de um artista genial e solitário que produz obras impressas. Revistas

- Tokunaga sees *O Borda* as: "a queer/cuír manifesto that runs against the current hegemonic publishing patterns. That implies bringing dissident *corpas* and hands to circulate other ideas".

Section 3

- Saura expands on what publishing with *corpa* means: "I think that being with dissident *corpas* requires very specific intersections and locations and an engagement aimed at dissident perspectives, as from their existential margins and issues. 'Dissidence' is many things; which dissidence? Where? When?".

- Gracia shares the same opinion: "*O Borda* follows up very updated processes on the different forms of transit of dissident *corpas*. It is part of the very search to get out of hegemonic discourses".

- Bruna Kury says: "there is a particularly important attempt at these approaches,

brasileiras como a *Revista de Antropofagia* dos anos 1920 e *Homem do Povo* dos anos 1930 foram criadas por modernistas para serem um produto literário que se cruzasse com outras artes (e pode ser visto como intermédia). O modernismo brasileiro pode ser visto como um projeto estético que produziu conhecimento e estabeleceu relações com formas de vida e de estar no mundo que ultrapassaram o domínio da arte e do indivíduo que a produziu.

Outros exemplos de publicações de artistas intermédia da América Latina incluem as revistas *Klaxon*, do Brasil, *Avance*, de Cuba, e *Horizonte*, do México. O poeta Guilherme de Almeida desenhou a capa da *Klaxon*, publicada de maio de 1922 a janeiro de 1923. Em Cuba, a *Revista de Avance* apresentou obras experimentais surpreendentes da ilha nos anos 1920, tais como as do poeta premiado Regino Pedroso. A revista *Horizonte*, publicada entre 1926 e 1927 no México, abordou preocupações sociais e políticas. Estava ligada ao movimento interdisciplinar designado "estridentismo", um grupo que contava com a adesão de Tina Modotti, uma revolucionária fotógrafa italiana que contribuiu

precisely the fact that it was an artistic and anarchist publication. This relationship seemed absolutely fruitful, although I could not imagine the paths that would be followed. As I tried to learn more about *O Borda*, I realized that its borders crossed the written and visual arts, political militancy, the fields of sexuality, and the history of anarchist women in Latin America, among other dissident themes. Thus, more than the mere daily information of common periodicals, *O Borda* is a dialogue between political activism and artistic creation".

- Lucia Parra, a researcher and member of Centro de Cultura Social in São Paulo, describes the unclassifiable nature of the publication as a tool for amplifying marginalized voices: "I don't know of any other newspaper like the *Jornal de Borda*, so I sometimes think it's not classifiable. And it is exactly with dissenting *corpas* that it aims to bring forth this discussion in its issues".

significativamente para a "renascença Mexicana" (M. Hooks, 2017). Todas estas publicações são anteriores ao trabalho de Rusha e utilizam ferramentas artísticas semelhantes, exceto na sua característica de coletividade.

Outra observação pertinente ao olhar para publicações latino-americanas e brasileiras é que, nos anos 1960, a história do livro de artista é inseparável da contestação e luta contra a ditadura brasileira (Freire, 2009). Nos anos 1960 e 1970, os artistas produziram coletivamente revistas de natureza artesanal, que, muitas vezes, faziam circular pelo correio através de uma rede marginalizada na América do Sul, como foi o caso da edição da revista *Vigo Diagonal Cero*, uma revista fundada em La Plata, Argentina.

As revistas têm sido importantes na história da arte brasileira para documentar e divulgar ideias politicamente subversivas, contornando a censura ditatorial com ferramentas visuais e artísticas (Freire, 2009). A *Revista Arteria*, uma revista de Omar Khouri e Paulo Miranda que ainda está a ser publicada no Brasil, foi lançada em 1975. Nas suas 4

it as an exhibition, sometimes as an artist's newspaper, as an aesthetic-militant platform, as a platform for research and historical recovery for dialogue with issues of the present, etc., something more about 'being in a place' than about 'being something'".

- Fausto Gracia connects the geographical diversity of the publication with its artistic fluidity: "I really like the participation of Latin American artists. It connects processes and experiences in addition to geographic ones".

Section 2

- Ingrid Ladeira agrees: "I believe that *Jornal de Borda* goes far beyond an artist's newspaper; it is a collective expression (of different groups and agents) that brings together a series of interests and struggles".

- Weverton da Silva, writer, highlights the anarchist nature of the publication: "the main reason that led me to *O Borda* was

décadas, documentou movimentos de arte e poesia que floresceram numa paisagem árida, sofrendo severa censura e repressão até ao novo milénio com novas ferramentas e expressões tecnológicas.

No mesmo ano em que a *Arteria* foi lançada, no meio da agitação política na América Latina que levou muitos ao exílio, o artista concetual mexicano Ulises Carrión abriu a livraria Other Books and So em Amesterdão, um espaço alternativo, uma mistura de livraria especializada em livros de artistas e obras políticas. As obras de países da América Latina foram reunidas pela primeira vez, conduzindo a mais encontros e colaborações. Publicações de argentinos (Leon Ferrari e Leandro Katz), brasileiros (Regina Silveira, Vera Chaves Barcellos, Julio Plaza, Paulo Bruscky, Haroldo e Augusto de Campos) e mexicanos (Magali Lara, Mónica Mayer e Araceli Zúñiga) fizeram parte da iniciativa de Carrión.

A criação de livrarias e espaços onde se reúnem revistas e livros cria um ambiente para a circulação de ideias. Quando estas não são possíveis devido à instabilidade política e à repressão, a distribuição

Section 3 shows what publishing with *corpa* means to those who identify as such.

Section 1

- As an artist, Larissa Tokunaga considers *O Borda* a collective exhibition: "it is a hand-crafted stitching of creative gestures that pass-through corporeality and immanence. The artistic-making is in the publisher's own conception. (...) Content and format are so inextricable that *Jornal de Borda* overflows the frames of a conventional work of art. Visuality is a political gesture that communicates in tune with texts".

- Fabio Morais describes it as an even more fluid artistic process: "in fact, I see *Jornal de Borda* as an editorial action open to contingency, which has no problems changing its focus, format, agenda, etc. Depending on the context and the environment, the editorial objectives change or need to change. So, sometimes I could see

independente, o trabalho em rede e o apoio a uma causa a nível continental são ferramentas valiosas. Estas são estratégias públicas, bem como formas de arte, executadas coletivamente e em formato impresso.

The Opinion of Those Who Built It: How *O Borda* Is Seen

With whom does *O Borda* want to collaborate? This question has always been important in every edition, so the paper's contributors could summarize the dialogue over the publication. Brazilians, Mexicans, and Chileans made up the majority of the contributors to the last edition, which was the one where the decision-making processes of production, edition, and circulation were discussed during the meetings.

In October 2021, a form was sent by email to the participants. The colaborators were Aline Ludmila, Bruna Kury, Fabio Morais, Fausto Gracia, Ingrid Ladeira, Janayna Victória Araujo, Karina Francis Urban, Larissa Guedes Tokunaga, Lucia Parra, Mane Adaro, Mogli Saura, Renato Mendes and Weverton da Silva. In excerpts from some of their answers, it is possible to see what the production of *O Borda* means to the participants as artists (in Section 1) and as political activists (Section 2).

A Cultura Visual e as Publicações Independentes

Respeitar a abordagem linear eurocêntrica da história e ligar a cultura visual apenas à história da arte é como viajar e regressar sempre ao mesmo ponto de referência, talvez como as estações de serviço de Ruscha. De acordo com certos estudos de cultura visual (Azoulay, 2015), a imagem é a fonte de conhecimentos especiais e a sua discussão não termina com a imagem, nem é circunscrita pela mesma. Em vez disso, a imagem é o ponto de partida de uma viagem, cujo percurso — de declarações ramificadas a partir da imagem — nunca é conhecido antecipadamente ou pré-determinado.

Desde os anos 80 do século passado, e mais especificamente a partir dos anos 2000, os estudos visuais, ancorados na transdisciplinaridade, desafiaram o paradigma da arte e os seus locais exclusivos de leitura visual (Mirzoeff, 1999). Muito mais do que olhar para livros ou publicações como objetos, é necessário considerá-los como um processo e um propósito. Os estudos visuais são um instrumento

form of resistance and survival usually generates a collective and cross-border bond, referred to as Latin American affections. Therefore, publishing is a form of resistance and survival related to revolt, and when art is not associated with revolt, it is a servant to and an accomplice of capitalism, an instrument of order with no links to freedom (Pelloutier, 1896).

de análise das publicações porque são verbais, táteis e visuais e porque são elementos que vão muito além do enquadramento da história da arte.

A expansão dos estudos de cultura visual coincidiu com o surgimento/ampliação da circulação de fanzines, que estavam ligados à cultura punk e à cultura "faça você mesmo" (*do-it-yourself* [DIY]). O punk esteve, desde o seu início, na intersecção da música, da estética e da política — oposto ao regime dominante que permeava domínios significativos da experiência humana. Esta oposição, ou dissidência, estava relacionada com as *corpas* latino-americanas e brotou das experiências intersecionais de corpos marginalizados nos Estados Unidos e na Europa. A raça e a classe estavam na raiz do punk rock, movida por uma classe trabalhadora branca enraivecida em contacto direto com o povo negro e a cultura negra nos Estados Unidos e no Reino Unido (Ensminger, 2010).

Como uma faceta do movimento punk, a cultura DIY abordou especificamente a questão do consumo massivo daquilo que era dominante e de como isso levou a uma forma generalizada de

newspaper prioritized articles written by women, such as anarchists Soledad Gustavo, Teresa Claramunt, Federica Montseny, María Magón, and Maria Antônia Soares, preferring not to have pseudonyms as signatures.

To think about collective anarchist publications is to think about Juana Rouco Buela. Her way of opening furrows and planting printed seeds allows us to come across her words and teachings alongside other women who edited and wrote for the paper. In short, Juana Rouco is an ancestor of one surviving publishing practice.

A Plebe and *Nuestra Tribuna* are periodicals that inspired the last issues of *O Borda* because their purpose has always been to seek out artists who go beyond what is formally considered art and anarchists who go beyond hegemonic agendas. The separation between art and life, art and politics, serves only a market, and its circulation strategy is based on the distribution for sale and profit. In editorial production, publishing communities with a political purpose implement innovative (artistic) circulation-related solutions. Moreover, publishing as a

homogeneização da expressão humana, que incluiu a arte. Perturbar a homogeneização da expressão humana é uma expressão de dissidência, expressa na fisicalidade da subcultura punk — uma *corpa*.

A produção industrializada em massa é uma ferramenta para o máximo lucro dentro de um sistema capitalista em expansão; portanto, a sua antítese seria a auto-produção de bens. DIY é uma forma de arte e uma declaração política porque, no capitalismo tardio, é impossível viver a 100% fora deste sistema industrial atual. Portanto, a conversa sobre este sistema acontece como uma representação abstrata, provocação, e praxis. Por conseguinte, o *zine* no quadro da cultura DIY é a antítese do livro bestseller produzido em massa. Estes não são objetos utópicos feitos à mão a 100%. Estas publicações podem ser criadas em casa, sem maquinaria de qualidade industrial. Assim, não se destinam a ser idênticas, rentáveis, ou impressas e distribuídas à escala corporativa. Por outras palavras, não são livros que se pensa que irão vender. São o livro que se deseja ler.

biweekly and had a circulation of approximately 2,500 copies.

[Figure 8 — An original edition of *Nuestra Tribuna*. *Source.* Arquivo Edgard Leuenroth, Institute of Philosophy and the Humanities, State University of Campinas]

The periodical, born from the process of listening to women's needs and intense publicizing before printing, starts with 1,000 women as subscribers. In the first edition's editorial, *Nuestra Tribuna* states it wants to reach out and act jointly with the anarchist movement in neighboring countries, citing Bolivia, Brazil, Chile, Paraguay, and Peru. The

Com práticas de publicação em espaços e livrarias independentes, como a Banca Tijuana (em São Paulo desde 2007) e a Printed Matter (em Nova Iorque desde 1976), esta cultura foi posteriormente lida como um processo que culminou no que é atualmente denominado "publicação independente". O adjetivo "independente" já não atribui uma característica anti-capitalista a estas publicações. Estabelece uma nomenclatura, que ainda é plural e engloba iniciativas artesanais e aqueles que querem entrar ou criar um mercado. No entanto, a publicação independente pode ser uma forma de arte que atravessa e transcende as disciplinas da arte, história e política.

Os livros e publicações podem depender da produção capitalista, mas a sua criação passo a passo (Benjamin, 2005) pode ajudar-nos a desmistificar o processo de produção de modo a torná-lo mais compreensível e acessível às mais variadas *corpas*. A divisão do trabalho foi discutida na imprensa ao longo de grande parte do século XIX e ainda hoje é uma discussão relevante. No livro *What Is Art* (O Que É Arte), Tolstoy (1897) afirma que

The archives of Arquivo Edgard Leuenroth and Cedinci were important sources of research for the facsimile editions of *Jornal de Borda*. *A Plebe* (from 1917), *O Nosso Jornal* (from 1923, ran by the Women's Emancipation Group), and *Nuestra Tribuna* (from 1922, ran by Juana Rouco Buela) had facsimile editions inserted into the *Jornal de Borda* — they were reproduced in the size of the newspaper of that time, only not in the same printing technique. The *A Plebe* was typographic, and the 2017 edition was a scanned version and reproduced with the use of a modern printer.

The newspaper *Nuestra Tribuna*'s editorial practice is an example of transnational editing. It was born in Necochea in August 1922 and closed in Buenos Aires in July 1925. Buela was a transnational editor and thinker of printed pages who looked at the process and project and saw a public vocation in a newspaper. She traveled all over Argentina in the early 1920s to understand anarchist women's needs, after which she released *Nuestra Tribuna*. The newspaper (Figure 8) had four pages, and each page was divided into five columns. It was

os trabalhadores produzem comida para si próprios e também comida que a classe culta aceita e consome, mas os artistas parecem produzir com demasiada frequência a sua comida espiritual apenas para os cultos — de qualquer forma, uma parte particularmente pequena parece chegar aos trabalhadores do país que trabalham para fornecer a comida que alimenta o corpo! (para. 8).

Esta abordagem anti-capitalista em relação à arte e à publicação, eliminando as fronteiras entre as classes e o seu trabalho, é ainda salientada por Lucy Parsons, que convida os seus leitores a que façam do texto o que escolherem (Parsons, 1905a). Essa liberdade só existirá quando "o trabalho já não estiver à venda" (Parsons, 1905b, para. 3). Ao suprimir a distinção entre produção e autoria, eliminamos (na medida das nossas capacidades) a divisão capitalista do trabalho. Portanto, a publicação anarquista artística é um legado, um recurso valioso transmitido através de gerações, para a abordagem de persistentes questões socioeconómicas globais.

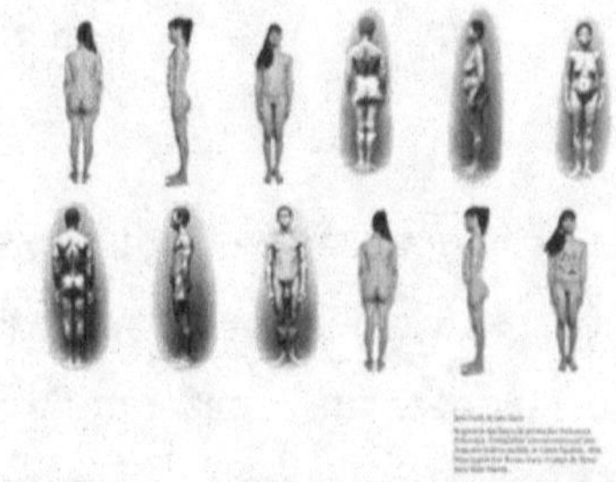

DESEDUCAÇÃO

substantivo feminino •
-embrutecimento,
grosseria, indisciplina-

Amy Jo Westhrop
Janayna Araujo
Larissa G. Tokunaga
Weverton da Silva

versão:
Larissa G. Tokunaga

**ACIMA DE TUDO,
O GÊNIO É TAMBÉM
UMA ILUSÃO.**

ARTE DAS CORPAS INSURGENTES

Janayna Araujo, Alana Kikkawa e Amy Jo Westhrop

MAS O QUE É PRODUZIR ARTE
ANARQUISTA HABITANDO UM CORPO
DISSIDENTE?

NÓS, COMO ARTISTAS ANARQUISTAS, NÃO
QUEREMOS PRESTÍGIO, QUEREMOS SER
RECONHECIDAS POR AQUILO QUE A GENTE
É. DA FORMA QUE SOMOS, E QUEREMOS
CONSTRUIR ESPAÇOS ONDE POSSAMOS NÓS
EXPRESSAR, TRADUZIR, COMUNICAR, FAZER
CIRCULAR — FAZER NÓS MESMAS.

Da Arte e do efêmero

Renato Mendes

[Figure 7 — Back cover *O Borda* (2021), visual work by Bruna Kury (top right). *Source*. Tenda de Livros (by Fernanda Grigolin)]

Seguir cada passo na criação de um livro pode também ajudar-nos a pensar no livro de uma forma artesanal e a partir do conhecimento situado (Haraway, 1988). É particularmente importante considerar numa publicação o conhecimento situado porque demonstra a responsabilidade política do conteúdo ao evitar a perpetuação de pontos de vista hegemónicos. Ao reconhecer as perceções do autor como permeadas pelos seus contextos geográficos e históricos individuais, o leitor é valorizado por ter a sua própria perspetiva. No Brasil, temos um conceito político semelhante chamado "lugar de fala", o lugar do discurso. Significa conhecer a relação entre o que se diz/os pontos de vista que se tem, e quem se é/como o corpo existe neste mundo — especificamente quando se trata de género, sexualidade e raça.

Existem livros e publicações independentes quando alguém, uma *corpa*, os concebe e constrói pensando na ampla circulação através de editoras, transnacionalmente e pessoalmente. A edição independente vai além do sistema capitalista, favorecendo trocas íntimas sobre a lógica das livrarias corporativas. Uma publicação de livros

myriad of ways and, in some cases, brutalized and killed. Through art, these contributors asked for a place where the trans, fat, disabled, poor, black, queer, displaced, and dissident bodies can safely occupy to survive a hostile system, revolt, and find affection.

completamente independente, ou uma empresa editora completamente independente, não existe num sistema capitalista. Estar 100% fora deste sistema é impossível, pelo que o adjetivo "independente" não pode ser visto em termos absolutos.

Pensar independentemente sobre um livro ou publicação como uma ferramenta educacional em conteúdo, formato e experiência editorial permite construir uma rede de afetos latino-americanos. Na América Latina, a teoria do afeto é uma doutrina que estabelece laços familiares para além do domínio da biologia. Esta doutrina estende-se no domínio do ativismo político para significar camaradagem entre aqueles que podem ser rejeitados pelas suas famílias biológicas e enfrentar uma hostilidade brutal na sociedade[2].

Para editores e artistas independentes, estas redes de afeto são um lugar de apoio e proteção em casos de severa repressão política. Não são exclusivas de pessoas que têm o mesmo nicho de atividade, círculo de amigos ou identidade. Ao descentralizar a cadeia de produção, misturando os campos de atividade e os seus nichos, e construindo um

May 1, 1915. *Source*. Tenda de Livros (by Fernanda Grigolin)]

The periodical was created based on the size and format of *A Plebe* to honor, reference, and passionately demonstrate that through publishing, we can take back the narrative of our own lives and occupy a space routinely denied to *corpas* in the mainstream — to expropriate, in the anarchist sense of the word (Bayer, 2015). In Aline Ludmila's (2021) words, printed in *O Borda*: "expropriation as a power (...) is expressed in political passions, in gestures of refusal, in care, boycotts, occupations, aspirations, and ART" (p. 1). The themes were expropriation, death to genius, artistic making, theater, insurgent *corpas*, anarchist women, and chauvinism within anarchism.

The last *O Borda* is a place of shelter for texts and visualities that converged during conversations and were then set up on pages. The subject of *corpas* and their survival was discussed by Mogli Saura, Adriana Varella, and Bruna Kury (Figure 7). *Corpas*, the feminine expression of the physical and/or intellectual body, are marginalized in a

conhecimento inabalável, transdisciplinar e impresso, é possível dar vida ao seu potencial político.

[Figure 6 — Cover *O Borda*, from 2021. The front-page texts are about dissident bodies, especially trans bodies, by Mogli Saura; the expropriation by Aline Ludmila. There is an image of Maria Antônia Soares in a speech on

O *Jornal de Borda* e o Anarquismo

As relações políticas e subversivas das publicações raramente são abordadas no discurso académico sobre o livro de artista, muito menos nos mercados artísticos e editoriais. O Brasil, país onde a tipografia foi introduzida em 1808 com a chegada da família real portuguesa e a criação da imprensa real, pode dar-nos respostas cativantes sobre como as publicações — jornais e brochuras — estabeleceram laços de produção, edição e circulação, mesmo antes da existência de um mercado editorial. Isto porque olhar para as publicações antes da existência do mercado editorial, implementado no Brasil em 1922, é compreender o início da produção impressa no Brasil.

A nossa impressão e principal local de impressão — a tipografia — foram desenvolvidos tardiamente em comparação com outros países da América, mas perduram apesar dos desafios colocados pela cultura do marketing e da publicidade. As publicações produzidas em massa utilizando tipos móveis

by a community in action. For the last *Jornal de Borda*, *O Borda* (Figure 6), the themes were art and anarchism to invoke action in the community, as publications of this nature once did. The new logo, designed by Laura Daviña, is a hybrid of the original *Jornal de Borda* logo, developed by Lila Botter, with the *A Plebe* logo. Daviña also developed the graphic design for the edition, which is a conversation with the past through visual, ethical, aesthetic, and printing tools. The texts were made using *A Plebe* typographies or others designed by Daviña, such as the Luce Fabbri font. The unusual format added rhythm to the text in columns and the spatiality in using voids.

foram o primeiro procedimento mecânico de ensino, aprendizagem e leitura de amplo espectro. No Brasil, este tipo de tipografia foi estabelecido 300 anos após a sua criação no México, e o seu processo de consolidação demorou ainda mais tempo. A nível do público, a relação com as publicações desenvolveu-se desde o fim do império brasileiro até ao início da república.

Neste período de transição do império para a república, nas décadas de 1880 e 1990, a criação de publicações teve ligações significativas com o movimento anarquista. O anarquismo era um movimento particularmente proeminente na sociedade, e o desconforto com a natureza arbitrária do poder monárquico tinha culminado no discurso público. Por conseguinte, esta ideologia crítica foi também proeminente na criação e construção de publicações. Na cidade de São Paulo, os primeiros jornais anarquistas do Brasil tinham um alcance semelhante ao das grandes formas não políticas de expressão impressa contemporânea. Para além do reforço das redes sociais, as características do próprio anarquismo, como a ajuda mútua e a

[Figure 5 — *A Plebe* newspaper, Year 1, Number 6; July 21, 1917. *Source.* Public archives of São Paulo state]

A Plebe is a place both of registering and expression, and it is not only linked to news and fact. Its proposal and printed possibilities are of daily use

solidariedade, permearam a prática editorial no espaço público através da leitura generalizada.

De acordo com Vera Chalmers (2018), a produção editorial anarquista tem tido a transnacionalidade como prática constante e um fluxo editorial descontínuo e descentralizado. Ao contrário dos jornais que são sedimentados numa cidade ou região de um país, muitas vezes até com o nome da sua localização no seu título (por exemplo, *The New York Times*, *The Washington Post*), os jornais anarquistas têm editores que podem iniciar a produção de um jornal num país, interrompê-la e continuar noutro local. Vários fatores sociais e práticas militantes podem levar uma publicação a mover-se, tais como a falta de fundos e a ação policial política (Chalmers, 2018). Estes jornais não estão limitados por fronteiras estatais e existem onde as pessoas os imaginam.

A publicação *Jornal de Borda* apresentou-se pela primeira vez como um jornal anarquista após a Edição 4, dentro da linguagem anarquista, da ética e da investigação estética. Na sua criação, em março de 2015, foi dito ser um jornal ligado ao

magnitude to as many people as possible. After its printing, the newspaper was a place for circulating ideas and a powerful instrument of anarchist propaganda among those in São Paulo and their comrades from other cities or countries.

Below (Figure 5), the following texts are centered: "A Plebe" (in italics, alluding to the movement); "Foreshadowing of a new era" (in capital letters and another font); "The proletariat in revolt asserts its right to life" (in another font and larger size, also in capital letters, with a triple line). Also centered with the use of two consecutive lines are the following sentences, which we could say stand first: "Colossal protest movement — The imposing general strike paralyzed all life in the city — The starving plebs carried out the expropriation — The brains of the people's thieves let loose their vandal rage — Murders, beatings, robberies in associations and homes — were in the order of the day — The workers, despite everything, achieved their first victory — It is necessary, however, to be alert, so as not to be victims of a vile betrayal".

feminismo autónomo latino-americano, um ramo do feminismo que é anti-sistema e procura agir independentemente das instituições governamentais. Foi lançado pela pequena editora Tenda de Livros, numa "Feira Plana", um evento para editoras independentes. A ideia era criar uma revista de arte contemporânea com a participação de brasileiros e de outros latino-americanos. Na altura, *O Borda* ainda tinha um lugar: o do livro de artista, e baseava-se no pensamento impresso do artista conceitual mexicano Ulisses Carrión. Na sua obra clássica "El Arte Nuevo de Hacer Libros" (A Nova Arte de Fazer Livros), Carrión (1975) questiona o livro como um objeto literário ligado a um nome, um autor, aquele mencionado na capa. Isso inspirou o *Jornal de Borda* a ser pensado em coletividade.

offering that energizes a political resistance going forward.

The sixth issue of *A Plebe* (from 1917) is a place of expression; it is related to a community in action that has a common objective: the right to life. It is also a place of registering memory since it is incumbent on workers to tell their own story, be it through text, its spatial organization on a typographic page, or even adding a crucial element: a photograph taken at a strike, a symbol of urgency and therefore placed on the first page. A photo "proves", or at least used to prove, the existence of an event and the actions of thousands of people — that it happened. In the era of fake news and deepfakes, it has become abundantly clear that technological advances, such as more and better digital cameras, have not led to wider distribution of truth. Thus, it is still not enough to say that there was a crowd or visually show the aspect of the crowd that accompanied the burial of comrade Martinez, when stopped at 15 de Novembro street.

The printed format was an effective practice for disseminating information about events and their

[Figura 1 — Cópia física do *Jornal de Borda*, Edição 2 (2015). Capa do artista Fabio Morais. *Fonte*. Tenda de Livros (por Fernanda Grigolin)]

O *Jornal de Borda* nasceu a partir da perspetiva de pensar a narrativa sequencialmente e o espaço da página a imprimir, dando ao texto e à imagem o mesmo peso. Ao fazê-lo, a estética conservadora e moderna justapõe-se, como mostra a Figura 1 — um formato conservador de jornal com um quadrado preto, um símbolo da arte moderna e abstrata[3]. Embora o nome completo fosse *Jornal de Borda*, o periódico foi chamado pelo seu diminutivo *O Borda*, usado em duas edições: a sétima e o

By overlapping the covers of the 1917 *A Plebe* and 2021 *O Borda* issues (Figure 4), the formal citation of both periodicals and their columns can be noted. It is worth mentioning that, in 2017, the cited issue of *A Plebe* had already appeared as a facsimile edition in Issue 4 of *O Borda*, whose theme was archive, memory, and power.

A cross-century homage to the predecessors of this ideological movement has an artistic and political purpose. Although we live in a new technological paradigm, much of the social issues that arose at the turn of the last century still exist today. We have not only shifted centuries but also millennia. The fact that we still face issues of racism, sexism, poverty, and devastating industrial practices is only exacerbated by their persistence into the new era, the 2000s, which have often been portrayed as a beacon of advancement and development by contemporary entrepreneurs and defenders of liberalism (the socio-political doctrine behind today's economic system). As a society, we have not solved issues as much as we created new ones, most notoriously our impending climate collapse. Therefore, a visual tribute to militant ancestors is an artistic

10.ª. *O Borda* (sem "Jornal de" e com a inclusão do artigo definido masculino "o") refere-se aos periódicos anarquistas do século passado, como *A Plebe* e *A Lanterna*, que tiveram os seus nomes pensados com um artigo definido e um substantivo, mas com a estranheza de um desacordo de género, uma vez que o correto seria "A Borda". No entanto, a alcunha era sempre masculina devido à palavra masculina para jornal.

[Figura 2 — Páginas 2 e 3 de *O Borda* (2021). *Fonte.* Tenda de Livros (por Fernanda Grigolin)]

[Figure 4 — Overlap of *A Plebe*, from 1917, with *O Borda*, from 2021. *Source.* Tenda de Livros (by Fernanda Grigolin)]

A Figura 2 mostra as páginas do meio da 10.ª edição como se a estivéssemos a ler aberta. O meio apresenta texto sobre o chauvinismo no anarquismo, escrito coletivamente por militantes anarquistas. Embora o formato à primeira vista pareça convencional, é dissidente em termos de conteúdo e detalhe. Por exemplo, embora as colunas possam parecer vulgares, um olhar mais atento mostra que o alinhamento não é. O "a" é uma peça do habitual "drop cap", enquanto letra decorativa, mas acaba por assumir o significado de um símbolo do anarquismo. Há citações de mulheres anarquistas como Margarita Ortega Valdés (mexicana), Juana Rouco Buela (argentina) e Petronila Infantes (boliviana). O desenho das páginas — os títulos e a sua tipografia — conduz o olhar do leitor à volta da página. As relações entre conteúdo, formato, participantes e visualidade são tão importantes como as disciplinas da publicação, que é o epítome da transdisciplinaridade na impressão.

O Borda and Facsimile Editions

O Borda is an anarchist newspaper of the 21st century inspired by the content and format found in the newspaper *A Plebe* (Figure 3), from 100 years earlier. Line-and-column study and research activate a contemporary reading of a newspaper from past anarchist print culture.

A Plebe was an anarchist periodical published in Brazil for 34 years (between 1917 and 1951), having Edgard Leuenroth as its main director. It was born in a rather large format, 53.5 × 37 cm (closed) on four pages (one folded sheet), having a size smaller than an institutional newspaper from that time, that is, *O Estado de S. Paulo* of the same general period (63 × 45 cm).

[Figura 3 — Mulher a segurar uma edição de *A Plebe*, em 2017. *Fonte*. Tenda de Livros (por Fernanda Grigolin)]

anarchism. There are quotes from anarchist women like Margarita Ortega Valdés (Mexican), Juana Rouco Buela (Argentinean) and Petronila Infantes (Bolivian). The design of the pages — the titles and their typography — leads the reader's gaze around the page. The relationships between content, format, participants, and visuality are as important as the disciplines of the publication, which is the epitome of transdisciplinarity in print.

[Figure 3 — A woman is holding a facsimile edition of *A Plebe*, taken in 2017. *Source.* Tenda de Livros (by Fernanda Grigolin)]

O Borda e as Suas Edições

O Borda é um jornal anarquista do século XXI inspirado no conteúdo e formato encontrado no jornal *A Plebe* (Figura 3), 100 anos antes. O estudo e a pesquisa das linhas e das colunas ativam uma leitura contemporânea de um jornal da cultura impressa anarquista do passado.

A Plebe foi uma publicação periódica anarquista publicada no Brasil durante 34 anos (entre 1917 e 1951), tendo como diretor principal Edgard Leuenroth. Nasceu num formato bastante grande, 53,5 × 37 cm (fechado) em quatro páginas (uma folha dobrada), tendo um tamanho inferior ao de um jornal institucional daquela época, ou seja, *O Estado de S. Paulo* do mesmo período geral (63 × 45 cm).

[Figure 2 — Pages 2 and 3 of *O Borda* (2021). *Source*. Tenda de Livros (by Fernanda Grigolin)]

Figure 2 is the middle pages of the 10th edition as if we were reading it open. The middle features text about chauvinism in anarchism, written collectively by anarchist militants. Although the format at first glance seems conventional, it is dissident in content and detail. For instance, while the columns may seem ordinary, a closer look shows the alignment is not. The "a" is a play on the usual drop cap but eventually takes on the meaning of a symbol of

[Figura 4 — Sobreposição de *A Plebe*, de 1917, com o de *O Borda*, de 2021. *Fonte*. Tenda de Livros (por Fernanda Grigolin)]

[Figure 1 — A physical copy of the *Jornal de Borda*, Issue 2 (2015). Cover by the artist Fabio Morais. *Source.* Tenda de Livros (by Fernanda Grigolin)]

Jornal de Borda was born from the perspective of thinking about narrative sequentially and the space on the page to be printed, giving the text and the image the same weight. In doing so, conservative and modern aesthetics are juxtaposed, as shown in Figure 1 — a conservative newspaper format featuring a black square, a symbol of modern and abstract art[3]. Even though the full name was *Jornal de Borda*, the periodical was called by its nickname *O Borda*, which was used in two issues: the seventh and the 10th. *O Borda* (without "Jornal de" and with the inclusion of the masculine definite article "o") refers to the past century's anarchist periodicals, such as *A Plebe*, and *A Lanterna*, which had their names thought of with a definite article and a noun, but with the strangeness of a gender disagreement, since the correct would be "A Borda". Nevertheless, the nickname was always masculine due to the masculine word for newspaper.

Sobrepondo as capas das edições de 1917 de *A Plebe* e de 2021 de *O Borda* (Figura 4), pode-se notar a referência formal tanto das publicações periódicas como das suas colunas. Vale a pena mencionar que, em 2017, a citada edição de *A Plebe* já tinha aparecido na Edição 4 de *O Borda*, cujo tema era arquivo, memória e poder.

Uma homenagem intersecular aos antecessores deste movimento ideológico tem um propósito artístico e político. Embora vivamos num novo paradigma tecnológico, muitas das questões sociais que surgiram na viragem do século passado ainda persistem. Não só mudámos de século, mas também de milénio. O facto de ainda enfrentarmos questões de racismo, sexismo, pobreza e práticas industriais devastadoras persiste e é exacerbado na nova era, os anos 2000, que têm sido frequentemente retratados como um farol de avanço e de desenvolvimento por empresários contemporâneos e defensores do liberalismo (a doutrina sociopolítica por detrás do sistema económico atual). Como sociedade, não só não resolvemos os problemas como criámos novos, o mais notório é o iminente colapso climático. Por conseguinte, uma homenagem

by the small publishing company Tenda de Livros. The idea was to create a contemporary art journal with the participation of Brazilians and other Latin Americans. At that time, *O Borda* still had a place: that of the artist's book, and it was based on the printed thinking of the Mexican conceptual artist Ulisses Carrión. In his classic work "El Arte Nuevo de Hacer Libros" (The New Art of Making Books), Carrión (1975) questions the book as a literary object linked to a name, an author: the one mentioned on the cover. That inspired the *Jornal de Borda* to be deliberate in its collectiveness.

visual aos antepassados militantes é uma oferta artística que energiza uma resistência política que continua a avançar.

A sexta edição de *A Plebe* (de 1917) é um lugar de expressão; está relacionada com uma comunidade em ação que tem um objetivo comum: o direito à vida. É também um lugar de registo da memória, uma vez que cabe aos trabalhadores contar a sua própria história, seja através de texto, a sua organização espacial numa página tipográfica, ou acrescentando um elemento crucial: uma fotografia tirada numa greve, um símbolo de urgência e, portanto, colocada na primeira página. Uma fotografia "prova", ou pelo menos costumava provar, a existência de um evento e as ações de milhares de pessoas, enfim, provar que aconteceu. Na era das notícias falsas e das *deepfakes*, tornou-se absolutamente claro que os avanços tecnológicos, tais como mais e melhores câmaras digitais, não conduziram a uma distribuição mais ampla da verdade. Assim, ainda não é suficiente dizer que houve uma multidão ou mostrar visualmente o aspeto da multidão que acompanhou o enterro do camarada Martínez, quando parou na rua 15 de Novembro.

According to Vera Chalmers (2018), anarchist editorial production has had transnationality as constant practice and a discontinuous and decentralized editing flow. Unlike newspapers which are sedimented in one city or region of a country, often even bearing the name of its location in its title (e.g., *The New York Times*, *The Washington Post*), anarchist newspapers have editors who can start the production of a newspaper in one country, interrupt it and continue in another location. Several social factors and militant practices can lead a publication to move, such as lack of funds and political police action (Chalmers, 2018). Nevertheless, they are not bound by state borders and exist where people envision them.

The publication *Jornal de Borda* first understood itself as an anarchist newspaper after Issue 4, within the anarchist language, ethics, and aesthetics research. In its inception in March 2015, it was said to be a journal linked to Latin American autonomous feminism, a branch of feminism that is anti-establishment and seeks to act independently from government institutions. It was launched in a "Feira Plana", an event for independent publishers,

O formato impresso foi uma prática eficaz para divulgar informação sobre os eventos e a sua magnitude ao maior número de pessoas possível. Após a sua impressão, o jornal foi um local para a circulação de ideias e um poderoso instrumento de propaganda anarquista entre as pessoas de São Paulo e os seus camaradas de outras cidades ou países.

Abaixo (Figura 5), os seguintes textos estão centrados: "A Plebe" (em itálico, aludindo ao movimento); "Prenuncio de uma era nova" (em maiúsculas e outro tipo de letra); "O proletariado em revolta affirma o seu direito á vida" (noutro tipo de letra e com tamanho maior, também em maiúsculas, com uma linha tripla). Também centradas com o uso de duas linhas consecutivas estão as seguintes frases, que poderíamos dizer que estão em primeiro lugar: "Colossal movimento de protesto - A imponente gréve geral paralysou toda a vida da cidade - A plebe faminta praticou a expropriação - Os cerberos dos ladrões do povo deram largas á sua furia vandalica - Assassinatos, espancamentos, assaltos a associações e a domicílios - estiveram na ordem do dia - Os obreiros, apesar de tudo, conseguiram a sua primeira victoria - E' preciso,

of wide-range teaching, indoctrination, and reading. In Brazil, this type of typography was established 300 years after it was established in Mexico, and its consolidation process took even longer. At the public level, the relationship with publications developed from the end of the Brazilian empire to the beginning of the republic.

In this transition period from empire to republic, in the 1880s and 90s, the creation of publications had significant links to the anarchist movement. Anarchism was a particularly prominent movement in society, and the discomfort with the arbitrary nature of monarchic power had culminated in public discourse. Therefore, this critical ideology was also prominent in creating and constructing publications. In the city of São Paulo, the first anarchist newspapers in Brazil had a similar reach to that of major non-political forms of contemporary printed expressions. In addition to strengthening social networks, the characteristics of anarchism itself, such as mutual aid and solidarity, permeated the editorial practice in the public space through widespread reading.

porem, estar álerta, para não serem victimas de uma torpe traição".

[Figura 5 — Jornal *A Plebe*, Ano 1, Número 6; 21 de Julho de 1917. *Fonte*. Arquivos públicos do estado de São Paulo]

Jornal de Borda and Anarchism

The political and subversive relationships of publications are seldom addressed in academic discourse about the artist's book, even less so in the art and editorial markets. Brazil, a country where typography was introduced in 1808 with the Portuguese royal family's arrival and the creation of the royal press, can give us captivating answers about how publications — newspapers and booklets — established production, editing, and circulation ties even before the existence of a publishing market. That is so because looking at publications before the existence of the publishing market, implemented in Brazil in 1922, is to understand the beginning of printed production in Brazil.

Our printing and our primary printing place — typography — were developed late compared to other countries in the Americas, but they endure despite the challenges posed by the culture of marketing and publicity. Mass-produced publications using movable types were the first mechanical procedure

A Plebe é um local tanto de registo como de expressão, e não está apenas ligado a notícias e factos. A sua proposta e as suas possibilidades impressas são de uso diário por uma comunidade em ação. Para o último *Jornal de Borda*, *O Borda* (Figura 6), os temas foram a arte e o anarquismo para invocar a ação na comunidade, como outrora fizeram outras publicações desta natureza. O novo logótipo, desenhado por Laura Daviña, é um híbrido do logótipo original do *Jornal de Borda*, desenvolvido por Lila Botter, com o logótipo *A Plebe*. Daviña também desenvolveu o desenho gráfico para a edição, que é um diálogo com o passado através de ferramentas visuais, éticas, estéticas e de impressão. Os textos foram feitos utilizando tipografias de *A Plebe* ou outras concebidas por Daviña, tais como a fonte Luce Fabbri. O formato incomum acrescentou ritmo ao texto em colunas e a espacialidade na utilização de espaços vazios.

Latin American affections. In Latin America, the theory of affection is a doctrine that establishes family ties beyond the realm of biology. This doctrine is extended in the realm of political activism to mean comradery among queer folks who may be rejected by their biological families and face brutal hostility in society[2].

For independent publishers and artists, these affection networks are a place of support and protection in cases of severe political repression. They are not exclusive to people who have the same activity niche, circle of friends, or identity. By decentralizing the production chain, mixing the fields of activity and their niches, and building unyielding, transdisciplinary, printed knowledge, it is possible to bring political potential to life.

[Figura 6 — Capa de *O Borda*, de 2021. Os textos da primeira página são sobre corpos dissidentes, especialmente corpos trans, por Mogli Saura; a expropriação por Aline Ludmila. Há uma imagem de

their individual geographical and historical contexts, the reader is appreciated as having their own perspective. In Brazil, we have a similar political concept called "lugar de fala", the place of discourse. It means knowing the relationship between what you say/the views you hold, and who you are/how your body exists in this world — specifically when it relates to gender, sexuality, and race.

Independent books and publications exist when someone, a *corpa*, envisions and builds them thinking of broad circulation with publishers, transnationally and personally. Independent publishing goes beyond the capitalist system favoring intimate exchanges over the logic of corporate bookstores. A completely independent book publication, or a completely independent publishing company, does not exist in a capitalist system. Being 100% outside this current system is impossible, so the adjective "independent" cannot be seen in absolute terms.

To think independently about a book or publication as an educational tool in content, format, and editorial experience allows for building a network of

Maria Antônia Soares num discurso de 1 de Maio de 1915. *Fonte*. Tenda de Livros (por Fernanda Grigolin)]

O periódico foi criado com base no tamanho e formato de *A Plebe* para honrar, referir, e demonstrar apaixonadamente que, através da publicação, podemos retomar a narrativa das nossas próprias vidas e ocupar um espaço sistematicamente negado às *corpas* na corrente dominante — para expropriar, no sentido anarquista da palavra (Bayer, 2015). Nas palavras de Aline Ludmila (2021), impressas em *O Borda*: "a expropriação como poder (...) é expressa em paixões políticas, em gestos de recusa, em cuidados, boicotes, ocupações, aspirações, e ARTE" (p. 1). Os temas foram expropriação, morte da genialidade, criação artística, teatro, *corpas* insurgentes, mulheres anarquistas e chauvinismo dentro do anarquismo.

O último *O Borda* é um local de abrigo para textos e visualidades que convergiram durante os diálogos e foram depois organizados em páginas. O tema das *corpas* e a sua sobrevivência foi discutido por Mogli Saura, Adriana Varella, e Bruna Kury (Figura 7). As *corpas*, expressão feminina do corpo físico

share seems to reach the country laborers who work to supply the bodily food! (para. 8)

This anti-capitalist approach towards art and publishing by eliminating boundaries between classes and their labor is further highlighted by Lucy Parsons, who invites her readers to make of the paper what they choose (Parsons, 1905a). That freedom will only come to be when "labor is no longer for sale" (Parsons, 1905b, para. 3). By removing the distinction between producing and authoring, we remove (to the best of our abilities) the capitalist division of labor. Therefore, the artistic anarchist publication is a legacy, a valuable resource passed on through generations, for approaching persistent global socioeconomic issues.

Following each step in creating a book can also help us think about the book in a handcrafted way and from situated knowledge (Haraway, 1988). Situated knowledge is particularly important to consider in a publication because it demonstrates the political responsibility of the content in avoiding the perpetuation of hegemonic views. In acknowledging the author's perceptions as permeated by

e/ou intelectual, são marginalizadas numa miríade de formas e, em alguns casos, brutalizadas e mortas. Através da arte, estes colaboradores reclamaram um lugar que os corpos trans, gordos, incapacitados, pobres, negros, queer, deslocados e dissidentes possam ocupar em segurança, para sobreviver a um sistema hostil, para revoltar-se e para encontrar afeto.

culminating in what is currently called "independent publication". The adjective "independent" no longer assigns an anti-capitalist characteristic to these publications. It establishes a nomenclature, which is still plural and encompasses handcrafted initiatives and those who want to enter or create a market. Nevertheless, the independent publication can be an art form that traverses and transcends the disciplines of art, history, and politics.

Books and publications may depend on capitalist production, but creating them step by step (Benjamin, 2005) can help us demystify the process of production in order to make it more comprehensive and accessible to the most varied *corpas*. The division of labor was discussed in print throughout much of the 19th century and is still a relevant discussion today. In the book *What Is Art*, Tolstoy (1897) claims that

> the laborers produce food for themselves and also food that the cultured class accepts and consumes, but the artists seem too often to produce their spiritual food for the cultured only — at any rate that a singularly small

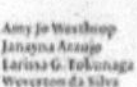

DESEDUCAÇÃO

substantivo feminino •
embrutecimento,
grosseria, indisciplina

Amy Jo Westhrop
Janayna Araujo
Larissa G. Tokunaga
Weverton da Silva

VERSÃO DE:
Larissa G. Tokunaga

ACIMA DE TUDO, O GÊNIO É TAMBÉM UMA ILUSÃO.

ARTE DAS CORPAS INSURGENTES

Janayna Araujo, Alana Kikkawa e Amy Jo Westhrop

Da Arte e do efêmero

Renata Mendes

[Figura 7 — Capa posterior de *O Borda* (2021), obra visual de Bruna Kury (canto superior direito). *Fonte.* Tenda de Livros (por Fernanda Grigolin)]

expressed in the physicality of the punk subculture
— a *corpa*.

Industrialized mass production is a tool for the maximum profit within an expanding capitalist system; therefore, its antithesis would be the self-production of goods. DIY is an art form and a political statement because, in late capitalism, it is impossible to live 100% outside this current industrial system. Therefore, the conversation about this system happens as an abstract representation, provocation, and praxis. Hence, the DIY zine is the antithesis of the mass-produced bestseller book. DIY zines are not utopic objects made 100% by hand. These publications can be created at home, without industrial-grade machinery. Thus they do not set out to be identical, profitable, or printed and distributed on a corporate scale. In other words, they are not books you think will sell. They are the book you want to read.

With publication practices in independent spaces and bookstores, such as Banca Tijuana (in São Paulo since 2007) and Printed Matter (in New York since 1976), this culture was later read as a process

O Arquivo Edgard Leuenroth e Cedinci foram importantes fontes de pesquisa para as edições do *Jornal de Borda*. *A Plebe* (de 1917), *O Nosso Jornal* (de 1923, dirigido pelo Grupo de Emancipação Feminina) e *Nuestra Tribuna* (de 1922, dirigido por Juana Rouco Buela) tiveram edições inseridas no *Jornal de Borda* — foram reproduzidas no tamanho do jornal da época, só que não com a mesma técnica de impressão. O *A Plebe* era tipográfico e a edição de 2017 era uma versão digitalizada e reproduzida com a utilização de uma impressora moderna.

A prática editorial do jornal *Nuestra Tribuna* é um exemplo de edição transnacional. Nasceu em Necochea em Agosto de 1922 e encerrou em Buenos Aires em julho de 1925. Buela foi uma editora e pensadora transnacional de páginas impressas que olhou para o processo e projeto e viu uma vocação pública no jornal. Viajou por toda a Argentina no início dos anos 1920 para compreender as necessidades das mulheres anarquistas, lançando posteriormente o *Nuestra Tribuna*. O jornal (Figura 8) tinha quatro páginas, e cada página foi dividida em

visual and because they are elements that go far beyond the framework of art history.

The expansion of visual culture studies coincided with the emergence/wider circulation of fanzines, which were linked to punk and do-it-yourself (DIY) culture. Punk, from its inception, was at the intersection of music, aesthetics, and politics — opposed to the establishment which permeated significant realms of the human experience. This opposition, or dissent, was relatable to Latin American *corpas* and sprouted from the intersectional experiences of marginalized bodies in the United States and Europe. Race and class were at the root of punk rock, moved by an angered White working class in direct contact with Black people and Black culture in the United States and the United Kingdom (Ensminger, 2010).

As a facet of the punk movement, DIY culture specifically addressed the issue of massive mainstream consumption and how it led to a pervasive form of homogenization of human expression, which included art. To disrupt the homogenization of human expression is an expression of dissent,

cinco colunas. Era quinzenal e tinha uma circulação de aproximadamente 2.500 exemplares.

[Figura 8 — Edição original de *Nuestra Tribuna*. *Fonte*. Arquivo Edgard Leuenroth, Instituto de Filosofia e Ciências Humanas, Universidade Estadual de Campinas]

O periódico, nascido do processo de escuta das necessidades das mulheres e de intensa divulgação antes da impressão, começa com 1.000 mulheres como assinantes. No editorial da primeira edição, *Nuestra Tribuna* afirma que quer alcançar e agir em conjunto com o movimento anarquista dos países vizinhos, citando a Bolívia, Brasil, Chile, Paraguai e Peru. O jornal deu prioridade aos artigos

Visual Culture and Independent Publications

To respect the linear Eurocentric approach to history and link visual culture only to art history is like traveling and always returning to the same point of reference, perhaps like Ruscha's gas stations. According to certain visual culture studies (Azoulay, 2015), the image is the source of special knowledge, and its discussion does not end with the image, nor is it circumscribed by the image. Instead, the image is the starting point of a journey, which route — of statements branching from the image — is never known in advance or predetermined.

Since the 1980s, and more specifically from the 2000s, visual studies, anchored in transdisciplinarity, challenged the paradigm of art and its exclusive places for visual reading (Mirzoeff, 1999). Much more than looking at books or publications as objects, it is necessary to look at them as a process and purpose. Visual studies are a tool for analyzing publications because they are verbal-tactile-

escritos por mulheres, tais como as anarquistas Soledad Gustavo, Teresa Claramunt, Federica Montseny, María Magón e Maria Antônia Soares, preferindo não ter pseudónimos como assinaturas.

Pensar em publicações anarquistas coletivas é pensar em Juana Rouco Buela. A sua forma de abrir sulcos e plantar sementes impressas permite-nos encontrar as suas palavras e ensinamentos ao lado de outras mulheres que editaram e escreveram para o jornal. Em suma, Juana Rouco é um antepassado de uma prática editorial sobrevivente.

A Plebe e *Nuestra Tribuna* são publicações periódicas que inspiraram as últimas edições de *O Borda* porque o seu objetivo foi sempre o de procurar artistas que vão para além do que é formalmente considerado arte e anarquistas que vão para além das agendas hegemónicas. A separação entre arte e vida, arte e política, serve apenas o mercado e a sua estratégia de circulação baseada na distribuição para venda e lucro. Na produção editorial, as comunidades editoriais com um objetivo político implementam soluções (artísticas) inovadoras relacionadas com a circulação. Além disso, a publicação

Amsterdam, an alternative space, a mix of bookshop specialized in artist's books and political works. Works from Latin American countries were brought together for the first time, leading to more meetings and collaborations. Publications by Argentineans (Leon Ferrari and Leandro Katz), Brazilians (Regina Silveira, Vera Chaves Barcellos, Julio Plaza, Paulo Bruscky, Haroldo and Augusto de Campos) and Mexicans (Magali Lara, Mónica Mayer and Araceli Zúñiga) were all part of Carrión's initiative.

Creating bookstores and spaces where magazines and books are put together creates an environment for the circulation of ideas. When those are not possible due to political instability and repression, independent distribution, networking, and continent-wide support for a cause are valuable tools. These are public strategies, as well as art forms, performed collectively and in print.

como forma de resistência e de sobrevivência gera geralmente um vínculo coletivo e transfronteiriço, referido como afetos latino-americanos. Portanto, a publicação é uma forma de resistência e sobrevivência relacionada com a revolta, pois quando a arte não está associada à revolta é uma serva e cúmplice do capitalismo, um instrumento de ordem sem ligações à liberdade (Pelloutier, 1896).

inseparable from the contestation and practice of fighting against the Brazilian dictatorship (Freire, 2009). In the 1960s and 70s, artists collectively produced magazines of an artisan nature and often circulated them by mail through a marginalized network in South America, as was the case of the *Vigo Diagonal Cero* magazine edition, a journal founded in La Plata, Argentina.

Magazines have been important for Brazilian art history to document and disseminate subversive political ideas, bypassing dictatorial censorship with visual and artistic tools (Freire, 2009). The *Revista Arteria*, a magazine by Omar Khouri and Paulo Miranda which is still being published in Brazil, was launched in 1975. In its 4 decades, it has documented art and poetry movements blooming from a barren landscape suffering from severe cen-sorship and repression well into a new millennium with new technological tools and expressions.

The same year *Arteria* was launched, amid political turmoil in Latin America leading many into exile, the Mexican conceptual artist Ulises Carrión opened the Other Books and So bookstore in

A Opinião Daqueles Que o Construíram: Como É Visto *O Borda*

Com quem é que *O Borda* quer colaborar? Esta questão sempre foi importante em cada edição, de forma a que os colaboradores do jornal pudessem resumir o diálogo sobre a publicação. Brasileiros, mexicanos e chilenos constituíram a maioria dos colaboradores da última edição, que foi aquela na qual os processos de decisão de produção, edição, e circulação foram discutidos durante os encontros.

Em outubro de 2021, um formulário foi enviado por correio eletrónico aos participantes. Os colaboradores foram Aline Ludmila, Bruna Kury, Fabio Morais, Fausto Gracia, Ingrid Ladeira, Janayna Victória Araujo, Karina Francis Urban, Larissa Guedes Tokunaga, Lucia Parra, Mane Adaro, Mogli Saura, Renato Mendes e Weverton da Silva. Em excertos de algumas das suas respostas, é possível ver o que a produção de *O Borda* significa para os participantes enquanto artistas (na Secção 1) e enquanto ativistas políticos (Secção 2). A Secção 3

in the world that went beyond the realm of art and the individual who produced it.

Other examples of intermedia artist publications from Latin America include the magazines *Klaxon* from Brazil, *Avance* from Cuba, and *Horizonte* from Mexico. The poet Guilherme de Almeida designed the cover for *Klaxon,* published from May 1922 to January 1923. In Cuba, the *Revista de Avance* featured amazing experimental works from the island in the 1920s, such as those by prize-winning poet Regino Pedroso. The magazine *Horizonte,* published between 1926 and 1927 in Mexico, addressed social and political concerns. It was linked to the interdisciplinary stridentist movement, a group that counted on the membership of Tina Modotti, a revolutionary Italian photographer who contributed greatly to the "Mexican Renaissance" (M. Hooks, 2017). All these publications predate Rusha's work and use similar artistic tools, except in their characteristic of collectiveness.

Another pertinent observation when looking at Latin American and Brazilian publications is that, in the 1960s, the history of the artist's book is

mostra o que a publicação considerando a *corpa* significa para aqueles que se identificam como tal.

Secção 1

- Como artista, Larissa Tokunaga considera *O Borda* uma exposição coletiva: "é uma costura artesanal de gestos criativos que passam pela corporeidade e imanência. O fabrico artístico está na própria conceção da editora. (...) O conteúdo e o formato são tão inextricáveis que o *Jornal de Borda* transborda os enquadramentos de uma obra de arte convencional. A visualidade é um gesto político que comunica em sintonia com os textos".

- Fabio Morais descreve-o como um processo artístico ainda mais fluido: "de facto, vejo o *Jornal de Borda* como uma ação editorial aberta à contingência, que não tem problemas em mudar o seu foco, formato, agenda, etc. Dependendo do contexto e do ambiente, os objetivos editoriais mudam ou precisam de mudar. Assim, por vezes,

Art in book form has a public vocation. Vocation is derived from the Latin verb *vocare*, which means "to call". The "call" of the book is public. Brogowski (2011) points out the subversive role of the book: it symbolizes the artistic revocation of the work of art as an object-fetish, causing a crisis in the institutional system. Certainly, the subversion included in books is linked to their public character, and the politically subversive nature of artists' books existed before the artist's book became a category in art institutions.

In Brazil and Latin America, the history of publications (Silveira, 2001) is related to collective initiatives of literary and artistic movements rather than subscribing to the vision of a solitary genius artist who produces printed work. Brazilian magazines such as *Revista de Antropofagia* from the 1920s and *Homem do Povo* from the 1930s were created by modernists to be a literary product that intersected with other arts (and can be seen as intermedia). Brazilian modernism can be seen as an aesthetic project that produced knowledge and established relations with ways of living and being

podia vê-lo como uma exposição, por vezes como um jornal de artista, como uma plataforma estética e militante, como uma plataforma de investigação e de recuperação histórica no diálogo com questões do presente, etc., algo mais sobre 'estar num lugar' do que sobre 'ser algo'".

- Fausto Gracia liga a diversidade geográfica da publicação à sua fluidez artística: "gosto muito da participação de artistas latino-americanos. Conecta processos e experiências para além das fronteiras geográficas".

Secção 2

- Ingrid Ladeira concorda: "creio que o *Jornal de Borda* vai muito além de um jornal de artista; é uma expressão coletiva (de diferentes grupos e agentes) que reúne uma série de interesses e lutas".

- Weverton da Silva, escritor, destaca a natureza anarquista da publicação: "a principal razão que me levou para *O Borda* foi

typography, and other elements of the artist's choices. According to the art historian Mark Rawlinson (2013), Ruscha's work questions a particular set of problems related to art conception, production, and distribution. The problem is the possibility of having an idea, embarking on a journey to execute this idea, then having this idea documented, published, and sent off into its own journey through places and time — only to perhaps have it be perceived as stupid wherever it goes. Why do it? Why do art and immortalize that art in the form of a book?

Therefore, art historians tend to consider the artist's book as the moment when the production, editing, and circulation of an artistic project becomes part of the art itself as a political and aesthetic/conceptual strategy. Among the various possibilities of the artist's book, Drucker (2004) highlights its potential to address various individual experiences and, therefore, express various activist approaches toward combatting oppression and injustice. In this sense, art is a political strategy and vice versa.

precisamente o facto de se tratar de uma publicação artística e anarquista. Esta relação parecia absolutamente frutífera, embora eu não pudesse imaginar os caminhos que seriam seguidos. Ao tentar aprender mais sobre *O Borda*, percebi que as suas fronteiras atravessavam as artes escritas e visuais, a militância política, os campos da sexualidade e a história das mulheres anarquistas na América Latina, entre outros temas dissidentes. Assim, mais do que a simples informação diária de periódicos comuns, *O Borda* é um diálogo entre o ativismo político e a criação artística".

- Lucia Parra, investigadora e membro do Centro de Cultura Social em São Paulo, descreve a natureza não classificável da publicação como um instrumento para amplificar as vozes marginalizadas: "não conheço nenhum outro jornal como o *Jornal de Borda*, por isso por vezes penso que não é classificável. E é precisamente com *corpas* dissidentes que pretende suscitar esta discussão nas suas edições".

produced quality may, paradoxically, enhance its unique features. In art, we have seen this paradox in Andy Warhol or Banksy's coveted pieces. In the publication, we can see this in the example of Fabiana Faleiros' art book, whose large but limited edition is printed with a plain white cover. The artist handwrites "MasturBar" on the cover of each copy as a signature, autograph, and title (Faleiros, 2016).

The circulation strategy also makes a book an artist's book. It may be in a bookstore or library, and it may question the format of a book by bringing other forms of print into circulation. For instance, it may have an envelope as a cover, or it can be made small like a zine (Grigolin, 2020), or dialogue with other publication formats like a newspaper (*Jornal de Borda*). Therefore, the term artist publication is suitable as it includes the book and other printed formats.

Twenty-Six Gasoline Stations, by the United States American artist Edward Ruscha, is considered a landmark in this way of producing art; it is a book from 1963 that explores the graphic design, editing,

- Tokunaga vê *O Borda* como: "um manifesto queer/cuír que vai contra os padrões editoriais hegemónicos atuais. Isso implica trazer *corpas* dissidentes e mãos para fazer circular outras ideias".

Secção 3

- Saura expande o que significa publicar com *corpas*: "penso que estar com *corpas* dissidentes requer intersecções e localizações muito específicas e um envolvimento que vise as perspetivas dissidentes, a partir das suas margens e questões existenciais. 'Dissidência' é muitas coisas; que dissidência? Onde? Quando?".

- Gracia partilha a mesma opinião: "*O Borda* acompanha processos muito atuais sobre as diferentes formas de trânsito de *corpas* dissidentes. Faz parte da sua própria procura para sair dos discursos hegemónicos".

does not accommodate the realm of political publi-cation, it erases a universe of artistry that suffered from political censorship and engaged politically during major historical events. After all, visual cul-ture is the collective expression of a people and seeks to impose no boundaries on what constitutes visual expression (Grigolin, 2015). In this fashion, a book is a publication, and so is any other printed page made public. Other publication formats such as newspapers and pamphlets — or any tool used to make printed pages public — are relevant to the conversation about artists' books.

The main publication tools that define an artist's book are: it is made by an artist; it is an art form; and it does not depend on an institutional space to be displayed (it can be on a wall, in a bag, or a li-brary; Brogowski, 2011). There is an argument to be made of what an artist's book is not and that the 21st century's book industry's requirement of bar-codes and the possibility of print on demand are the tools of an artist's book antithesis (although both can, in turn, be appropriated as artistic tools). As an art form, the book object can be both a unique and a mass-produced piece because its mass-

- Bruna Kury diz: "há uma tentativa particularmente importante destas abordagens, que também não é assim tão simples. Mas a procura de estar próximo de outras corporalidades dissidentes é crucial na luta. A minha sugestão é pensar numa publicação para/com pessoas com deficiência".

Estes testemunhos revelam a relação entre a publicação com *corpa* e o poder político do afeto latino-americano. Identificar-se como *corpa*, tanto no corpo físico como intelectual, é acolher-se apesar das diferenças, unindo-se sobre a experiência partilhada de sentir-se repelido por um paradigma global que brutaliza a dissidência. Como tal, não há fronteiras entre o visual e a expressão textual, o domínio político e pessoal, ou a arte que está pendurada na parede e que enche as nossas mãos. O jornal viaja não só pelo tempo, mas também por países, disciplinas, e vidas.

Artists' Publications From Above and Below

Books and publications are essential for artists. With the advent of the artist's book and the exhibition catalog, the printed page has become a timeless exhibition space valued by the art market and those who research and curate art. The history of art publications and printed exhibitions in Brazil fits into a history that has American and European art as landmarks (Silveira, 2001). That is why Ed Ruscha is relevant to this conversation — the tools that justify him being an iconic artist's book maker were used by anarchists, and modernists in Brazil and Latin America, in the early 1900s. His printed work's subversive and provocative nature, its pushing of artistic limits, and the status quo can only arbitrarily be described as groundbreaking.

To test the limits of what defines art is not only an artistic process but a political one. The academic concept of an artist's book can and must be extended to remain consistent with an artist's vision. Moreover, if the process of academic categorization

Conclusão: A Sobrevivência das *Corpas* e os Seus Gestos de Revolta

> O aparecimento de um jornal é um propósito que requer muito trabalho. No entanto, como tinha pensado nisso durante muitos anos, durante as minhas viagens pelo campo, falei com camaradas sobre a intenção e a necessidade de um jornal anarquista feminino. (Buela, 1964, p. 101)

O Borda cumpriu o seu papel durante os seus 6 anos de existência, fazendo parte desta prática sobrevivente, mas algumas das suas questões editoriais permanecem em aberto: como pensar na circulação de uma publicação impressa para além de espaços como as livrarias e as galerias?; como é publicar no Brasil e na América Latina com os corpos que escrevem e produzem arte?; deve haver uma inclusão na história linear da arte para se ser um artista?; deve haver uma discussão sobre a história europeia para se tornar anarquista?

the social criticism of publications as expressive political tools in the face of neocolonialism and its capitalist facet.

Criar um jornal é ainda uma prática exigente, na qual texto, edição, layout e sequenciamento de páginas devem ser considerados. Uma publicação vai muito além da justaposição de informação; há um pensamento impresso. A criação de publicações independentes não é escrutinada pelo mercado da arte nem pelo mercado editorial. Como tal, as publicações estão ligadas à vocação pública de edição e circulação de ideias através de redes transnacionais.

As redes transnacionais criadas no passado estão relacionadas com as atuais práticas de sobrevivência. Ver que estas publicações existiram nos anos 1800 e princípios dos anos 1900 é compreender o papel crucial que o anarquismo teve na prática impressa, no pensamento editorial, na edição artesanal e nas publicações de artistas em geral. Os jornais mencionados neste artigo representam como a arte pode ser um instrumento político contra a repressão estatal e como a política pode ser um instrumento artístico para encontrar propósitos e estratégias de divulgação inovadores, apesar das instituições de arte (eurocêntricas) rígidas ou exclusivas.

publication tools and aesthetics are revealed beyond those named by art history and its market and as anarchist contributions to the visual culture of publishing. The proposal of its visual study within and from the global south (Lozano de la Pola, 2019) faces a double challenge: unveiling, or making visible, the place of enunciation of the hegemonic gaze and understanding its mechanisms of production of epistemic racism through visuality and its universalist claims while presenting the production of those "othered".

For those who work with printed material in countries like Brazil, telling the story of Latin American publications from a decolonial perspective is necessary because the colonial reality is inescapable in every realm of our existence throughout history. As a capitalist way of managing taste, what you should see, read, and have in your space, the market is an extension of the Latinx relationship with colonialism — an imposition of western values and visualities. Art and publications need a subversive character to escape the commodification of taste. Telling this story beyond visual arts, beyond the market, and from an anarchist perspective contributes to

O valor artístico da estética é uma construção social num tempo e num lugar. Portanto, o carácter subversivo das publicações escapará sempre à mercantilização do gosto e aos limites das disciplinas académicas. Ao discutir a descolonização e a linearidade da história eurocêntrica, expropriamos narrativas materiais, intelectuais e artísticas que permeiam todos os aspetos da nossa vida — todos materializados pela publicação do artista. As narrativas hegemónicas podem ser degradantes e brutais para os povos marginalizados. A publicação com a *corpa*, uma expressão de revolta e afetos, tem o potencial de restaurar a dignidade. Este processo não pode ser reduzido nem à arte nem à política. É magistralmente ambos.

A publicação com a *corpa* é fundamental para a cultura visual. Deixar os corpos dissidentes fora da narrativa em torno das publicações dos artistas perpetua valores hegemónicos que marginalizam as pessoas através de "sistemas de dominação interligados" (M. Hooks, 2015, p. 21), nomeadamente o colonialismo, o capitalismo, o chauvinismo, entre outros. Talvez a apresentação de uma nova narrativa — de arte dialogante, anarquismo e páginas

approached by the artistic subversion of visual culture through the physical form of the printed page.

The *Jornal de Borda* claims a very interesting history of Latin American publications. It ran for 6 years, had 10 editions, was released in Brazil, Uruguay, Mexico, and Argentina, and was further distributed in Portugal, Chile, and Peru. Issues 1 and 2 were published in 2015, Issue 3 in 2016, 4 in 2017, 5 in 2018, 6 and 8 in 2019, and 10 in 2021. They all had 5,000 copies distributed across Latin America. In Issue 7, from 2019, there were 200 copies, and in Issue 9, from 2021, 100. Throughout these years, nearly 200 people contributed from several places in the Americas. *A Plebe*, an anarchist newspaper founded in 1917, ran at 10,000 copies per issue and was a major inspiration for the creators of *Jornal de Borda*. Alongside the artistic expressions of the participants, there was also a desire to pay homage to the legacy of international anarchist movements through printing — to keep the tradition alive in the face of lingering political crises.

By discussing the *Jornal de Borda*, more specifically its latest edition *O Borda*, innovative

impressas — não só nos ensine sobre práticas anarquistas, mas também alargue as nossas perspetivas
através de uma leitura diversificada e verdadeira da
cultura visual e, por associação, da humanidade.

Introduction

Printed publications are elements of visual culture, and their relation to historical and contemporary narratives and their aesthetic value is socially built. Print media and its production, editing, circulation, and research result from publishers' choices and are related to their social, cultural, and historical context. This article aims to deepen the discussion about the importance of publishing with "corpa"[1]. "Corpo" is a masculine noun in Portuguese, so "corpa" is the feminization of this word to reverse the practice of perceiving the masculine body as the default human experience and central to intellectual production. The term refers to all dissenting bodies — not just the feminine — that do not fit White capitalist patriarchy (b. hooks, 2015).

Referring to dissenting bodies as "corpa" is to highlight the physical, or visceral, the scope of the abstract concept of intersectionality. Here, the physicality of the dissenting body torn by the political paradigm denounced by intersectional thought is

Tradução: Marisa Mourão

Contribuições dos Autores

Fernanda Grigolin foi responsável pela concetualização, metodologia e redação do rascunho original.

Mirna Wabi-Sabi foi responsável pela metodologia, redação do rascunho original e redação – revisão e edição.

Notas Biográficas

Fernanda Grigolin é uma artista transdisciplinar, editora e investigadora doutorada em artes visuais na Universidade Estadual de Campinas, Campinas, Brasil. Trabalha há 20 anos com publicações, desde produção, edição, circulação à investigação. Tem conduzido os projetos Tenda de Livros desde 2014 e *Jornal de Borda*, de 2015 a 2021. Recebeu os seguintes prémios: Funarte Marc Ferrez de Fotografia (2012), Proac Livro do Artista

Index

(2014), Proac Publicações (2015), e Proac Artes Visuais (2016). Fernanda publicou cinco livros de artista e escreveu *Sou Aquela Mulher do Canto Esquerdo do Quadro.*

ORCID: 0000-0003-4305-6912

Email: fernanda.grigolin@unicap.br

Mirna Wabi-Sabi é escritora, editora, tradutora, e editora em Niterói, Brasil. É fundadora da iniciativa Plataforma9 e autora do livro de bolso bilingue *Anarcho-Transcreation* *(Anarco-Transcriação).* É investigadora independente.

ORCID: 0000-0003-0955-2429

Email: mirnawabisabi@gmail.com

Notas

1. "Corpo" vem do latim "corpus". Pode significar tanto o corpo físico de um ser animal vivo como a coleção de obras escritas de um indivíduo, ideia ou instituição.

2. Como o termo "lugar de fala", a teoria do afeto e a ideia de redes de afeto na América Latina não se desenvolveram nos contextos institucionais ou académicos. Assim, pode ser difícil, se não impossível, citar um pensador que tenha cunhado o termo. Alguns académicos têm abordado estes termos, mas eles existem, acima de tudo, de forma mutável na cultura popular.

3. Referindo-se à pintura de Kazimir Malevich, *Black Square* (Quadro Preto), 1915, mas com o subtítulo "Goddard despede-se da linguagem".

Vista

2022-06-30 | Journal article
DOI: 10.21814/vista.4014
CONTRIBUTORS:
Fernanda Grigolin; Mirna Wabi-Sabi

Cover by Volodea Biri
Published in print October 2022.
P9 Press | Niterói, Brazil

Plataforma9

plataforma9p9.com
plataforma9p9@pm.me

Referências

Azoulay, A. (2015). *Civil imagination: A political ontology of photography* (L. Bethlehem, Trad.). Verso. (Trabalho original publicado em 2012)

Bayer, O. (2015). *The anarchist expropriators*. AK Press; Kate Sharpley Library.

Benjamin, W. (2005). *Walter Benjamin selected writings1931-1934* (Vol. 2). The Belknap Press of Harvard University Press.

Brogowski, L. (2011). *Éditer l'art: Le livre d'artiste et l'histoire du livre*. Les Éditions de La Transparence.

Buela, J. R. (1964). *Historia de un ideal vivido por una mujer*. Editorial Reconstruir.

Carrión, U. (1975). El arte nuevo de hacer libros. *Plural* IV(41), 33–38.

Chalmers, V. (2018). *Escritas libertárias*. Edufscar.

Drucker, J. (2004). *The century of artists' books*. Granary Books.

Ensminger, D. (2010). Coloring between the lines of punk and hardcore: From absence to black punk power. *Postmodern Culture, 20*(2). DOI: 10.1353/pmc.2010.0010

Faleiros, F. (2016). *O pulso que cai e as technologias do toque*. Ikrek.

Freire, C. (2009). Artistas/curadores/arquivistas: Políticas de arquivo e a construção de arquivo e a construção das memórias da arte contemporânea. In A. Longoni (Ed.), *Conceptualismo do sul* (pp. 13–23). Annablume.

Grigolin, F. (2015). *A fotografia no livro de artista em três ações: Produção, edição e circulação* [Dissertação de mestrado, Universidade Estadual de Campinas]. Red de Repositorios Latinoamericanos. repositorioslatinoamericanos.uchile.cl

Grigolin, F. (2020). *Sou aquela mulher do canto esquerdo do quadro: A história das mulheres anarquistas como narrativa encarnada* [Tese de doutoramento, Universidade Estadual de Campinas]. Tenda de Livros. tendadelivros.org

Haraway, D. (1988). Situated knowledges: The science question in feminism and the privilege of partial

Doing Away With Borders:
Jornal de Borda Goes Beyond the Frontiers of Art

perspective. *Feminist Studies, 14*(3), 575–599. DOI: 10.2307/3178066

hooks, b. (2015). *Talking back: Thinking feminist, thinking black.* Routledge.

Hooks, M. (2017). *Tina Modotti: Photographer and revolutionary.* La Fábrica.

Ludmila, A. (2021). Um grito contra a apropriação. *Jornal de Borda, 10,* 1.

Lozano de la Pola, R. (2019). Cuir visualities, survival imaginaries. In M. Iqani & F. Resende (Eds.), *Media and the global south* (1.ª Ed., pp. 86–104). Routledge India.

Mirzoeff, N. (1999). *An introduction to visual culture.* Routledge.

Parsons, L. (1905a). *Salutation.* The Anarchist Library. theanarchistlibrary.org

Parsons, L. (1905b). *What freedom means.* The Anarchist Library. theanarchistlibrary.org

Pelloutier, F. (1896). *L'art et la révolte: Conférence faite le 30 mai 1896 salle du Commerce, 94, rue du Faubourg-du-Temple, à Paris.* L'Art Social.

Rawlinson, M. (2013). Like trading dust for oranges: Ed Ruscha and things of interest. In J. Brouws, W. Burton, & H. Zschiegner (Eds.), *Various small books: Referencing various books by Ed Ruscha* (pp. 12). MIT Press.

Silveira, P. (2001). *A página violada*. UFRGS Editora.

Tolstoy, L. (1897). *What is art*. The Anarchist Library. theanarchistlibrary.org

Originalmente publicado na: **Vista**

2022-06-30 | DOI: 10.21814/vista.4014

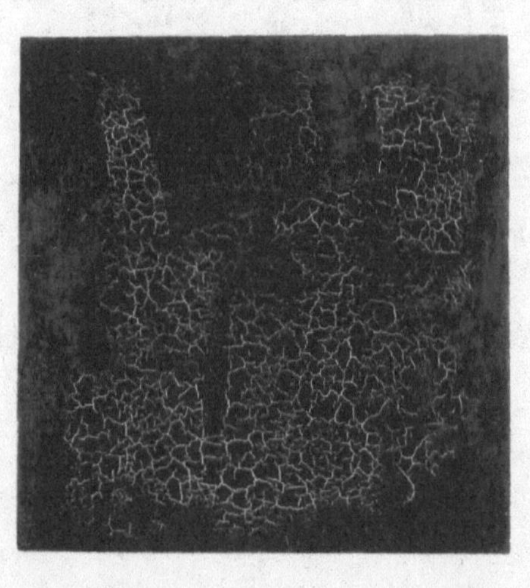